사랑아

아람아

초판 1쇄 인쇄 | 2025년 09월 18일
지은이 | 장윤숙, 오승빈
펴낸이 | 이재욱(필명:이승훈)
펴낸곳 | 해드림출판사
주　　소 | 서울 영등포구 경인로82길 3-4(문래동1가 39)
　　　　　센터플러스빌딩 1004호(07371)
전 화 | 02-2612-5552
팩 스 | 02-2688-5568
E-mail | jlee5059@hanmail.net

등록번호　제2013-000076
등록일자　2008년 9월 29일

ISBN　　979-11-5634-653-1

이 책은 순천시 도서관운영과 〈2025년 시민원고 출판비 지원사업〉으로 제작하였습니다.

엄마와 **아들**이 함께 부르는 **삶의 노래**

장윤숙 · 오승빈 시집

아람아

해드림출판사

서문

할 말이 있어도 말할 수 없었던 시절이 있었고. 말하고 싶어도 막상 꺼낼 말들이 없었던 날들이 이어졌다.

형언할 수 없는 지난날들 속에서 우리는 조금씩 입을 닫아 갔다. 하지만 어머니는 여전히 뱃속에 품었던 아들을 가슴에 품고 있었다.

겉모습은 다 자란 아들에게 마치 자장가를 불러주듯 시(詩)로 다가와 어루만져주고 토닥이며 말을 건네주었다.

아들 또한 부끄러움과 쑥스러움에 미루어 두었던 마음을 시(詩)로 건넸다. 그리하여 말보다 소중한 우리의 시(詩)라는 방식의 소통은 시작되었다.

가끔은 비 오는 날 창밖을 보며 한 줄

싱그러운 봄 내음에 취해 한 줄
추운 겨울 출근길에 용기 내며 한 줄
그렇게 하여 어느 순간 시를 쓴다는 것은 명상을 몰랐던 우리에게 명상이 되고 스스로 다독이는 작은 치유가 되었다.

거창하지도 화려하지도 않은 우리의 끄적임이지만 이제는 서로를 향해 다시 말을 걸 수 있는 언어가 되었다.
시집 『바람아』가 누군가에게도 잠시나마 미소가 되길 바란다.

2025년 9월

장윤숙, 오승빈

차례

서문

서평 | 김광현 시인·수필가, 전) 순천문학회 회장   113

제1부 바람의 노래 ——— 장윤숙   **제2부 보고 싶은 밤** ——— 오승빈

촛불	10	꽃샘 비	34
평행선	11	동대문	36
유혹	12	핑계	37
미련	14	매화	38
그리움	15	소원	40
벚꽃길	16	희망 고문	42
공감(共感)	17	잔을 비우며	44
비올라	18	중독	46
별	20	보고 싶은 밤	48
바람아 Ⅰ	21	붕어빵	49
바람아 Ⅱ	22	어린이 승강장	50
사랑	24	책가방	52
바람의 노래	25	햇살 좋은 날	54
노을 앞에서	26	봄바람	56
우체국에서	28	눈 내리는 날	58
아주 잠깐	30		

제3부 하얀 거짓말 ─── 장윤숙		제4부 어제 그리고 내일 - 오승빈	
하루	61	어떤 날	86
그대 오시는 날	62	어제는 나를 버리지 않는다	87
향수(鄕愁)	64	오늘의 시작	88
너를 보내며	65	아름답다	90
동면(冬眠)	66	가을바람	92
바램	67	태양	94
우리들의 밤	68	거짓말	96
봄은 오는가	70	노을 아래	98
빗방울	72	고통에 대하여	100
다슬기야	74	거울을 보며	102
어떤 인연	76	비 내리는 공원에서	104
첫눈	77	내일은 나를 기억하지 않는다	106
하얀 거짓말	78	등긁개	107
호수(湖水)	80	돌아가야 할 곳	108
아이스크림	82	게 섰거라	110

제1부

바람의 노래

장윤숙

촛불

나를 태워
세상을 밝게

나를 태워
너를 빛나게

그대는
빛의 시작

태워도
태워도

마음에 새겨지는
소중한 기억들

평행선

우리는
서로 바라볼 뿐

만질 수도
만날 수도 없는

하지만
헤어지지 않는

빛 슬픈
영원한 사랑이어라

유혹
_하얀 철쭉을 보며

세상 그리워
조심스레
얼굴 내밀어

나를 유혹하는
하얀 그녀

담을 넘어 버린
들킨 손 잡아

못 내
아쉬워

나의 기억에
가득 담아

나는
너를
안아 주었다

눈부신
사랑을 위하여

장윤숙

미련

미련
때문에

모든 것이
서운하다

기대하는
마음

한 조각
미련으로

그리움

그리움은
어여쁜 그림

그리움은
나를 깨우고

옛
시간 속에서

나를
손짓한다

장윤숙

벚꽃길

하늘도
보이지 않는
벚꽃길

세월도 지쳐
고목이 된

같이 가자
쌍계사여

아름다운
그 길

공감(共感)

별밤의
노래도 함께

설움 꽃
피던 날도 함께

빛 여울 타고
여기에

우리

오늘은
촛불을 켜자

공감(共感)의
촛불을

장윤숙

비올라*

햇빛
쏟아지는 날

우연히
눈에 들어온

줄지어 앉아 있는
노오란 나비들

가까이
가보니

나빌레라
비올라여

겨우내
얼음 겨울 이겨내고

햇살 좋은 날
여름 오기 전

그 자리

다음 주인공에게
물려 주려무나

* 비올라 : 비올라는 팬지와 비슷한 모양의 꽃으로 삼색제비꽃에서 유래한 원예종으로 추운 겨울과 봄철에 나비 모양을 한 작고 섬세한 꽃

별
_손녀에게

너의 얼굴에
내가 있다

너의 손끝에
내가 있다

너의 감성에
내가 있다

감동

나에게
너는

언제나
별

바람아 Ⅰ

청춘의 심장을
뛰게 한
나의 바람

연기처럼
사라질 인생아

언제나
다른 내음의
아침 공기

인생 역전의
바람이 분다

바람아

나를
그곳으로

장윤숙

바람아 II

다 지난 기억
찾아내기도 전

차가운 공기
온몸을 휘감고 지난다

계절 따라 바뀌는
너의 온도(溫度)

하모니카 바람 소리 타고
지난 시절 돌아가고파

개울가 맑은 물 노래
너의 몸을 타고
돌아가고파

바람아
나는 이제

인생에 매달리지 않으련다

바람아
너도
나의 마음과 같은가

사랑

사랑은
모험

성공하면
영원

실패하면
그리움

바람의 노래

산들산들 봄바람
세상 궁금해 싹 눈 틔우고

한들한들 여름 바람
꽃내음 온 세상 퍼진다

바람난 가을바람
온 누리 나를 알리고

코끝까지 차가운 겨울바람
깊은 잠 청하면

나는
그들만의 세상

그들의 바람 노래
실려 가련다

장윤숙

노을 앞에서

온 세상 불태워
수줍은 듯 그대여

늘어선 노을 따라
발걸음 멈추노라면

새악시 빠알간 볼
번져오는 춤사위

바라보는 먼발치
아름다운 그대여

기다려
기다려서 맞이한 너와 함께
오늘은 가고

내일은

열정으로
나를 다시 찾으리

그대는 수줍고
나는 눈부시다

지금 이 순간

우체국에서
_택배를 보내며

벚꽃이 차를 따라가는 날도
뜨거운 햇빛이 내리치는 날도
노오란 단풍의 거리를 지나
하얀 눈이 내리는 날도

나는
우체국에 간다

그곳에서
제각각
정을 듬뿍 보낸다

사랑도
바리바리 함께 보낸다

그 정이

그 사랑이

다시
돌아오지 않는다 하여도

나는
마음 가득
보내고 또 보낸다

그냥
보내고 싶다

아주 잠깐

나는
때론
일탈하고 싶다

나의
시간을 옥죄는
지금 이 순간
여행하고 싶다

나 자신이
정해 놓은
기준점에서
잠깐 벗어나고 싶다

내 머릿속
하얀 백지장 되는 날

이곳 아닌
다른 곳으로

하지만

나는
이내
다시 제자리

장윤숙

제2부
보고 싶은 밤

오승빈

꽃샘 비

옷 갈아입기 전
심통 부리는 아이처럼

투둑투둑 어깨를
건드리는구나

노란 옷 입고
분홍 옷 입을 거면서

서운했나
겨울 보내기가

발끝 적시고
손등 톡톡 두드리며

차가운 장난
멈추지 않는구나

봄이 올 걸 알면서
살짝 울어보고 싶은 듯

잎사귀마다
물기 남겨놓고

그제야 조용히
사라지는 너

뒤돌아본 하늘
맑게 씻긴 햇살이
반짝이네

오승빈

동대문

아무것도 모를 때
뒷골목 포차에서
엄마와 먹었던
우동과 떡볶이

다 안다고 느낄 때
청바지 하나 사겠다며
휩쓸다 첫차 타고
집에 가던 패션 타운

모든 걸 알았을 때
난 더 이상 가질 않는다

차라리 몰랐더라면

핑계

남의 기준은 간단
나의 기준은 복잡

너는 그냥 이런 거고
나는 사실 이랬기 때문

오늘도
내 혀는 거짓말을 한다.

전혀
아니라고

오승빈

매화

가슴 시릴 땐 외려
다 벗어놓고

도망칠 그늘 하나
만들어 주지 않더니

살랑살랑
코끝 간질이고

곱게 빻은 분가루 칠하고

미혹(迷惑)하는
네 모습 보니

그래

지금이 바로 이름마저

이쁜
봄이로구나

나는
또
너에게
홀리련다

소원

미안해
나는 엄마에게
자랑스러운 자식이 아니야

미안해
나는 여보에게
존경받을 남편이 아니야

미안해
나는 너희에게
대단한 아빠가 아니야

미안해
고마워
사랑해란 핑계로
구름 뒤에 숨지않을게

태양같이 뜨겁진 않아도
태양만큼 밝지 않아도
태양처럼 항상 있는

달이 되어줄게

희망 고문

절망이란 두 글자조차
사치스럽고

아무도
나조차
나를
믿지 못하고

이불속에 갇혀
하루종일
잠만 자는 날

후회보다 증오심에
사로잡힌 날

벼랑 끝인 줄 알고
뛰어내렸더니

새벽 직전의 심연
혹은
터널의 종착점

새로운 지옥
얼마든지 맞이하리

잔을 비우며

그대와 나
조용한 밤
말보다 무거운 하루를 마신다

술은 말이 없고
나는 말이 많아진다

기억은
알코올 속에
느릿하게 녹아들고

잊고 싶은 일일수록
천천히 올라온다

한 모금
또 한 모금

비워지는 잔 속
비워지지 않은 마음 하나

묵묵히
담담히

너를
기다린다

오승빈

중독
_커피를 마시며

아침이면 널 찾고
밤이면
네 향기에 기댔다

이젠
아무렇지도 않은 맛
익숙해져 무뎌졌고

진해도 연해도
그저 너는 그렇구나
싶은 맛인데

희한하게
놓을 수가 없다

텅 빈 손 네가 없으면
세상 흐릿해지고

내 안의 무언가가
사라지는 것 같다

중독이라는 말로도
다 설명되지 않는 이 마음

나는 오늘도
별 의미 없는
너를 마신다

아무 의미 없는 하루에
네가 필요해서

오승빈

보고 싶은 밤

창밖이 조용해
문득
네 생각 났다

별이 많다는 건

하고 싶은 말
많다는 뜻일까

핸드폰 몇 번 켰다가
아무 말 없이
다시 내려놓는다

이 밤

그냥
네가 좀 보고 싶다

붕어빵

붕어빵 같은
내 새끼

속에
팥이 들어 있는지
슈크림이 들어 있는지

아직도 모르겠는
붕어빵 같은
내 새끼

오승빈

어린이 승강장

아침마다
이쁜 내 딸 사랑해
엄마 아빠 사랑해

사랑이 넘치는
어린이 승강장

해질녘마다 마중 나오면
날 찾던 우리 아이
이제 여기서 볼 수 없지만

그 시절 그 미소
다행히
다른 이 통해
볼 수 있어
난 이곳을 마냥
지나치질 못한다

우리 엄마도 아직
어린이 승강장에서
날 기다리시려나

오승빈

책가방

놀다 지쳐 돌아올
작은 어깨엔

갈증 달래줄 물병 하나
꿀벌도 탐내던 간식 하나
내 손에 들려주던 아이 가방

이젠 씩씩히 책과
연필 담아
양어깨
가방 메고 나선다

그저
책만 담겨있기를
바라는 가방

그러나

내가 짊어졌던
무겁고 당연한 고됨
혹시 너의 어깨 짓누를까
내 마음 짓누른다

네가 가장 좋아했던 목마처럼
오늘도 내일도
내려주고 싶지 않은
이 무게

내가 메는 건
책가방이 아니니까

햇살 좋은 날

달력 한 귀퉁이
조심스레
그려둔 작은 동그라미
그 안에
네가 웃고 있다

지갑 속
네가 좋아하는 것들
담을 준비하고
손끝은 설렘을 쥐고

오늘 세상은
너를 만나기 위해
준비된 듯

햇살도
바람도

나무 그림자마저
모두 아름답다

오승빈

봄바람

살랑살랑
불어오는 봄바람

첫사랑의
그녀 같다

어차피
떠날 줄 알면서

어차피
떨어질 벚꽃인 줄 알면서

다시 만날
봄바람 그리운 건

사무치게
눈물 나는 건

내가

꽃이어서는 아닌지

오승빈

눈 내리는 날

눈이 내린다

우리 아기
눈사람 만들어 주어야 하는데

우리 아기
썰매 끌어 주어야 하는데

우리 아기
구운 고구마 사주어야 하는데

아무것도 해줄 수 없는
나의 겨울 때문에

내 눈에
눈이 내린다

제3부

하얀 거짓말

장윤숙

하루

막연히
어떤 날도
오지 말기를 바랬는데

이왕 왔으니
가지 말기를 바랬는데

또
홀연히 떠나는구나

나의 하루

장윤숙

그대 오시는 날

다정스러운 눈빛
회초리 하나 없이
사랑이란 이름만으로

두 팔 벌려 넘어질세라
우리를 지켜주시던

우리들 만큼은
꽃길만 걷길
별이 되어 지켜주시네

이 한밤

곱게 지은 밥 한 공기
문 활짝 열어
당신을 기다립니다

당신의 온기 느낄 즈음

나의 눈에
당신의 모습이

사랑합니다
당신의 모든 것들을

향수(鄕愁)

달빛 서린 밤하늘
바람은 처량하고

흐르는 구름 보니
희미한 옛 생각

한 무리 기러기 떼
끝없는 그리움

달빛 지는
저 너머

삶의 고단함
추억만 새로이

너를 보내며

네가 앉았던 자리
네가 웃었던 자리
내가 널 보았던 자리

영원히 간직하런다
너의 해맑은 미소

한마디 말이
우리의 우정을 갈라놓았지만

그리워하면서 사는
지금이 좋다면

이쯤에서
이별을 하자

장윤숙

동면(冬眠)

파도마저 얼어버린
바람마저 멈춰버린

삶에 던져진 나
배반의 계절은
땅끝으로 빠져든다

이 한 계절
지나고 나면

가장 빛나는
내가 되리라

바램

너에게
항상 언제나 밝은 빛만

너에게
항상 좋은 바람만

너에게
항상 행복한 일만

너에게
꽃피는 봄날같이
가슴 뜨거운 일만

너에게
항상 나만 보였으면

장윤숙

우리들의 밤

햇빛 따가이
쏟아지는 날

하나둘
모여드는 벗들이여

양손에
설렘을 가득 쥐고

환한 미소로 답하는
그대들이여

별 밤이 되는 시간까지
가는 시간을 부여잡고
오는 시간 달래며

아쉬움의

그리움을 남긴다

훗날

오늘의 추억을
그리워하리라는 것을

우린
알고 있다

장윤숙

봄은 오는가

밤새 보슬보슬
어여쁘게 내리네

봄을 시샘하는
매서운 바람

계절 젖은
지난가을 낙엽도
이제 그녀를 체념하듯 반기네

농부의 세상도
산과 들도

온 세상
터질듯한 꽃망울

봄 햇살 퍼지는 날

단비 한껏 머금은
봄의 여신(女神)들

나에게도

봄은 오는가

빗방울

낙수(落水) 소리 함께
푸른 이끼 속으로

서로 만나
그대 가는 길

돌멩이도
빛바랜 고목도

흔들리는
나뭇잎 사이로
유유히 흘러

부딪치고 깨어지며
다시 한 몸 되어

다른 이들

더불어 함께
쉬엄쉬엄 가는데

그대
삶에 떠밀려가듯
드넓은 호수로

쉬고 싶다
생의 언저리에서

다슬기야

등에
업(業)을 지고
살아가는 너

느리게
느리게
아주 느리게

그 안에
너의 운명
희노애락(喜怒哀樂)이

그 인생
그 무게
우리와 같아

너의 삶과

나의 삶
다를 바 없네

장윤숙

어떤 인연

하필
당신이었나

좋았던 그 시절

찬 공기 가시면
물빛 검은 날
당신께 다가가리

나를 위한
용서를 하고

우리
인연의 끈

또다시
이어 가련다

첫눈

밤빛에 놀란 듯
소리 없이
하얀 눈꽃이 날린다

길 위에 앉기도 전
마음 바뀐 듯

흔적 없이
사라지는 함박눈

왜
첫눈은
떠난 님과 같을까

두고두고
볼 수 없는

하얀 거짓말

때론
하얀 거짓말이
마음을 움직인다

세상에서 네가 제일 이뻐
너는 무엇이든 잘 하는구나
네가 아님 할 수 없었을 거야

하얀 거짓말인 줄 알면서
왠지 입꼬리가 승천한다

하얀 거짓말과 함께
나의 능력은
세상을 놀라게 한다

하얀 거짓말은
나의

자양분이 되었다

당신도
하얀 거짓말을 믿으시라

호수(湖水)

드넓은 호수가 너이련가
잔잔한 호수가 나이련가

태공이 덫을 놓을때도
사공이 심장을 가를때도
상처받지 않고

해맑은 하늘에 소낙비 내려도
강풍에 파도가 일어도

언제나
변함없는 호수여

홀로
그대로이구나

잔잔한 호수여

오늘도 또 다른 오늘도
너는 너의 길을

나
너를
따르리니

아이스크림

우윳빛 달콤한
너는
나를 싫어하지만

태양이 구름을
걷어버리는 날

나는
너를 찾는다

어린 시절
옹기종기
나무 그늘에

우리는 네가 그리워
너를 찾았다

그날의
그리운 입맞춤과

지금은
왜 다를까

제4부

어제 그리고 내일

오승빈

어떤 날

식탁 위
놓인 꽃병
싱그러워 보였다가

어떤 날
외로워 보인다

내 뺨을 어루만지던
봄바람
마주 하고 싶지 않은
설렘이라 느껴지고

배시시 웃음 짓게 한
들꽃
애처로워 보이는 걸 보니

오늘은
어떤 날인가 보다

어제는 나를 버리지 않는다

어제는 사라지지 않는다

다만
이름을 바꾸어

꿈속에
다시 찾아올 뿐이다

나는
수백 번
어제를 떠나려 했고

그때마다
어제는
내 안에 눕는다

오승빈

오늘의 시작

언제가 오늘의 문턱일까
눈꺼풀 너머 첫 빛이 스며들 때인가
아니면
어둠 속 마지막 숨을 고를 때인가

어제를 벗지 못한 마음은
오늘을 입지 못한 채 떠돌고
내일의 내가 허락하지 않는
감정은
끝내 머물 곳을 잃는다

그래서 나는
어제도 내일도 아닌
끝없이 반짝이는
지금을 산다

익숙한 얼굴을 한 오늘이여

너는 나를 닮았으나
나를 반기지 않는구나

그러니 내일아
너의 낯선 빛으로
나를 데려가다오

오승빈

아름답다

세상이 아름답다
느껴진다면

당신은 망가지고
무너진 아픔 아는 이다

바다를 헤엄쳐 본 자만이
호숫가의 윤슬이
아름답다 느낄 것이고

한 발자국 나아갈
영혼에 음각하고

두 걸음 세 걸음
질주할 자격이 있다

그대의 발자국

아이의 걸음마 만큼
아름답다

오승빈

가을바람

코끝 시린
겨울 냄새 난다

가을바람이
그립다

처절했던
여름 생각하니
가을바람이 밉다

새로 돋아날
나뭇잎 보니
가을바람이 고맙다

또
내년에 불어올
가을바람 보니

내가
가을인가 보다

태양

현실이 다급하게
차오를 때

태양이 그리워
도망쳤다

꿈이 아스라이
멀게 느껴질 때

태양이 그리워
날갯짓 시작했다

비록
내 날갯짓
이카로스의 날개가
될지라도

내 가슴 터지도록
태양에 입 맞추고 싶다

거짓말

아침마다
열심히 살겠다
거짓말한다

잠자리 들 때마다
오늘 하루 수고했다
거짓말한다

가족과 나
사랑한다며 늘 거짓말한다

참말을 하지 못하는 걸까
거짓말이 참말이 되어 버린 걸까

안녕하세요
당신도 거짓말쟁이

반갑습니다
나도 거짓말쟁이

노을 아래

새근새근
내 옆에 누워있을
너를 떠올리면

해가 뜨기만
기다리는 시간이
아득하게 느껴진다

생글생글 웃으며
날 바라보는 너

너와 마주한 이 시간
노을이 붉어지는
이유는

아마도
붉어진 내 뺨

가리워 주기
위함이겠지

고통에 대하여

꽃을 버려야
열매 맺을 수 있듯이

시린 겨울바람 견뎌내야
봄 오듯이

존재의 의미 각인하고자 하는
모든이에게
고통은 마치 산통과 같다

부디
그대들의 앞날
고통이 가득하길 바란다

부디
당신의 지난날
고통스러웠기를 바란다

나의 오늘이
고통을 이겨내길 바란다
아니
견디기만 바란다
오늘도 내일도

이 고통 견뎌내고
가슴 저린 나의 고통
타인의 저녁 날 안주거리가 아닌
훗날
나의 입으로 노래하고 싶다

지난날
고통스러웠다고

지금
행복하다고

거울을 보며

그립다
스무 살 나의 밝은 미소
뜨거웠던 나의 가슴

이제는 아무리 웃어보아도
어색한 웃음
아무리 달려도
타지 않은 가슴

지난날
엄마의 된장찌개 내음이 잊혀지고
퇴근길
아내의 저녁상 기다릴 즈음

그저 지날 날이라 하기엔
짧지만 동화 같던 그 날이
엄마에게도

나에게도
잊혀질까 두렵다

차마
눈에 담지도
가슴에 품지도 못하는
내 분신들의 벅찬 감동
잊지 않으려

훗날
오늘의
나를 그리워하리라

비 내리는 공원에서

꽃이여
지금 맞는 비
너를 저버릴 고통인가
희망 품은 이슬인가

나무여
너는 왜 무거운 뿌리를
가장 아픈 흙 속으로 파고들며
빛을 향해 자라나는가

침묵 속
하늘 품고
뿌리 잃지 않는구나

기쁨과 슬픔
모두 품고 고통의 깊이
잎사귀와 꽃으로 답하는구나

기쁨 슬픔 한가지라면
고뇌 속 자란 삶도
언젠가 하늘로 뻗을 것을

모두가 아름답다

내일은 나를 기억하지 않는다

내일은
나를 기다리지 않는다

나는
먼저 가 있는
내일을 따라가지만

도착하면

그곳은 언제나
오늘이었다

나는
도착할 수 없는 시간에
기대라는 옷을 입히며 걷는다

등긁개

지금 곁에 잠든 딸
작은 등 긁어주며
나는 문득 떠올린다

어제 내 등엔
누구의 손길이 닿았던가

내일 네 기억엔
누구의 손길이 닿았던가

내일 네 기억엔
오늘 내 손길이 남아 있을까
아름답다 느낄 것이고

잊혀도 좋은 이 순간
너의 숨결 곧
나의 행복이다

오승빈

돌아가야 할 곳

오늘도 문 닫으며
잠든 집안 천천히 바라본다

고요가 밀려와
마음에 주름을 만든다

돌아가야 할 곳은
젊은 날 뛰어놀던
바닷가가 아니라

너의 웃음 스며있던
그 소파 위였다

잊고 살았던 작은 것들
풀리지 않은 리본처럼
나를 천천히 되감는다

나는
돌아간다

퇴근길 반겨 주는
익숙한 담배 한 모금에 끌려

나는 돌아간다

너의 등을 긁어주던
그 밤으로

잊고 있던 나의 온도로

게 섰거라

아무리 불러보아도
돌아보지 않는
그녀 같은 세월
야속하다

돌아보지 않아도
돌아오지 않아도 좋다

다만
한 번쯤 멈춰다오

내 숨결
닿을 틈 없이

달려가는 넌
무정한가
슬픈가

아님 정말 그녀인가

그대 발끝에 맺힌
빛 한 조각이라도

잠시 나의 그림자 위
떨어지기 바라며

나는 오늘도
그녀 같은 세월의 뒷모습
붙잡지도 못한 채

한 줄의 시(詩)로 적는다
멈춰다오

지금

서평

시집 『바람아』에 부쳐

시(詩)를 통해 진정한 소통을 꿈꾸는 엄마와 아들의 힘찬 항해(航海)를 응원하며

김광현 시인·수필가, 전) 순천문학회 회장

1. 진정한 소통을 꿈꾸는 엄마와 아들을 생각하며

요즘 시에서 나타나는 두드러진 점은 시와 생활의 분리이다. 하지만 시와 문학은 인간의 삶과 분리될 수 없는 깊은 연관성을 가지고 있다.

그동안 수많은 사람이 지적해오고 써왔던 시 이론과 평론들을 굳이 들추어 설명하지 않더라도 시는 우리들의 삶 속에서 녹여져서 숙성된 감정의 표현이자 인간 본성의 표현이며 타인들과의 공감이다. 이러한 측면에서 오늘 살펴보고자 하는 장윤숙 시인과 오승빈 시인의 작품은 인간의 원초적인 본성을 가장 적절하게 표현하는 생활 시의 전형이라 아니할 수 없다. 여기에 수록된 작품들은 일반 시인이나 작가들의 작품과는 사뭇 다름을 알 수 있다.

시의 출발은 끝없는 사물의 바라보기에서 출발하여 새롭게 인간 본연의 내적인 감정의 숙성을 통한 공감과 시인의 가슴속에서 우러나오는 진정한 성찰의 표현이라고 볼 때 장윤숙 시인과 그의 아들 오승빈의 작품들은 생활 속에서 체득되고 익어간 생활인의 살아있는 감정들을 시적

으로 승화시켰다는 점에서 매우 고무적이고 훌륭한 작품들이라 생각된다.

시인들이 시를 쓰면서 쓰는 생경한 표현이나 문자의 유희적인 표현 없이도 인간의 본성과 마음을 이렇게 전달할 수 있는 원동력은 무엇일까?

아마도 그것은 생활 속에서 녹아 숨 쉬는 그들만의 사유의 결과물이 아닌가 싶다.

전문적인 문예 교육을 받은 바도 없고 시 쓰기 전문가의 지도도 없었으면서도 그저 시를 좋아하고 모자(母子)가 함께하는 소통과 공감을 통해서 그들만의 색깔을 유지하고 서정적인 글을 써낼 수 있다는 것에 그저 놀라지 않을 수 없다.

엄마와 아들이 함께 나누는 속 깊은 이야기가 담긴 시집 『바람아』는 모자(母子)의 정을 더욱 굳건히 하고 이들을 더욱 행복하게 성장 발전시켜 앞으로 나아가게 할 것이다.

2. 삶 속에서 시의 가치와 의미에 대하여

우리가 생활하고 있는 사회는 때로는 혼란스럽고 어지럽다. 어지러운 혼란의 시점에서도 우리 인간은 거기에 적응하며 살아가고 때로는 갈급함을 표현한다. 만약 이러한 시기에 사유하고 희망을 포기하는 것은 죽은 영혼에 불과하다.

따라서 건강성을 유지한 사유와 표현의 힘이야말로 끊임없이 생명력을 잉태하고 우리 인간을 앞으로 더욱 전진하게 하는 원동력이다.
이런 측면에서 강한 생명력과 뛰어난 서정성을 가진 작품 한 편을 살펴보고자 한다.

먼저 이들의 시 작품 가운데 2025년 계간 「서울문학」 여름호 신인상 수상작이자 장윤숙 시인 최고의 수작(秀作)으로 여겨지는 〈촛불〉을 살펴본다.

나를 태워

세상을 밝게

나를 태워
너를 빛나게

그대는
빛의 시작

태워도
태워도

마음에 새겨지는
소중한 기억들
-〈촛불〉전문

현대를 살아가는 모든 사람의 삶의 표면적 이미지를 보면 끝없는 욕망과 선의의 경쟁이라는 평계로 수동적인 상처와 아픔들을 남에게 주는 것에 주저하지 않는다. 장윤숙 시인 또한, 현대를 살아가는 생활인으로서 오랫동안 이러한 상처와 아픔들을 겪어오며 살아왔을 것이다.

그럼에도 불구하고 장윤숙 시인은 여기에서 수많은 것

들과 화해하고 진정한 소통을 꿈꾸고 있다. 나 한 몸을 태워서 세상을 밝게 하고 나를 태워서 너를 빛나게 하겠다는 숭고한 인간애의 발로야말로 장윤숙 시인의 시 정신이라 할 수 있으며 위에 촛불이라는 작품 속에 그의 시 정신이 녹아있는 것이다. 태워도 태워도 숨길 수 없는 소중한 기억들을 보듬으며 인간의 본성을 노래한 촛불은 인간의 감정을 숨기지 않은 순수시의 전형으로 두고두고 모든 사람에 회자 되고 읽힐 명작(名作)이라 여겨진다.

 삶이란 치열한 경쟁의 틈새에서 자신의 삶을 올곧게 살아가며 자기 가치관을 승화시켜 나가는 건 쉽지 않은 일이다.
 하지만 장윤숙 시인은 수많은 삶의 부침 속에서도 자기 삶을 위해 자신과 끝없이 대화하고 그것을 시로 승화시켜 내며 확실한 주제 의식과 메시지를 담은 작품들을 통해서 많은 이들과 소통하고 싶어 한다.
 이러한 진정한 소통을 꿈꾸며 삶의 가치와 의미를 일깨워주는 또 다른 시 한 편을 살펴보자.

나를 유혹하는
하얀 그녀

(중략)

못 내
아쉬워

나의 기억에
가득 담아

나는
너를
안아 주었다

눈부신
사랑을 위하여
- 〈유혹〉 일부

위의 시 또한 전형적인 서정시로서 시인은 하얀 철쭉을 보면서 많은 생각을 하고 있다. 하얀 철쭉을 통해서 모든 이들을 따뜻하게 품어 주고자 하는 배려와 감동이 담겨 있다.

시인 김수영은 치열한 삶 없이는 남을 감동시킬 수 없다고 하였다. 그러한 관점에서 본다면 장윤숙 시인의 작품들은 녹록지 않은 현실의 치열한 삶 속에서 끝없이 화해하고 사랑을 실천하는 우리 시대의 진정한 시인이라 해야 마땅할 것이다.

3. 현실에서 체득된 가족 사랑의 진수

어머니와 아들은 하늘이 맺어준 천륜이다. 그렇듯 엄마와 아들 사이는 뗄레야 뗄 수 없는 인연이며 동물과 사람, 동서고금을 막론하고 모든 예술과 문학 작품 속에서 가장 애틋한 이야기로 우리 모두에게 큰 감동을 주기도 한다. 특히 우리나라를 중심으로 한 동양권의 유교 문화에서는 부모에 대한 효와 사랑은 최고의 덕목으로 여겨지고 있다. 그러한 관점에서 우리가 맞이하고 있는 여기 장윤숙 시인과 오승빈 시인은 지고지순한 엄마와 아들의 사랑을 문학 속에서 작품으로 표현하고 둘은 시(詩)를 통해서 그들만의 무언의 대화를 함께 나누며 한 방향을 바라보는 멋진 시인들이라 할 수 있다.

특히 오승빈 시인은 순수하게 때 묻지 않은 감성과 젊은이다운 현대적인 감각을 바탕으로 거침없는 시를 써오고 있다. 때론 거친 것 같아 보이면서도 세련되고 섬세한 표현들은 그의 문학적인 자양분과 소양이 얼마나 깊은지를 가늠케 해준다.

한마디로 오승빈 시인의 글은 생활 속에서 느껴지는 고단함을 엄마와 가족 사랑으로 표현한 우리 시대에 보기 드문 작품들로 시사하는 바가 크다 하겠다. 따라서 오승빈 시인의 시작품들은 가족에 대한 사랑을 통해서 일상에서 이타주의를 실천하고자 하는 가족 간의 사랑을 묘사한 둥지 같은 안온함을 주기도 한다.

박이문 교수는 이타주의에 대한 철학적인 삶을 다음과 같이 표현하고 있다.

왜 인간은 자기희생적으로 이타적이고 도덕적이어야 하는지? 그 물음에 대한 대답은 실증적인 관점과 철학적인 관점에서 달라진다. 이타주의는 하나의 개체로서 인간이

자신이 좁은 세계를 사회와 자연으로 확대하고 새로운 삶을 통한 진정한 소통을 꿈꾸는 궁극적인 영역이라고 볼 때 오승빈 시인의 작품들은 개인에서 엄마를 포함한 가족으로 그 영역을 확대한 점에서 매우 주목된다.

오승빈 시인의 작품 가운데 어린 자녀를 생각하며 쓴 〈붕어빵〉의 전문을 살펴보자.

붕어빵 같은
내 새끼

속에
팥이 들어 있는지
슈크림이 들어 있는지

아직도 모르겠는
붕어빵 같은
내 새끼
- 〈붕어빵〉 전문

위 시는 오승빈 시인의 작품 중 부모의 마음으로 자녀들을 바라보는 따뜻한 시선과 함께 자신의 성장 과정에서 얻은 경험을 바탕으로 쓴 작품으로 보인다. 아주 간결하면서도 쉽게 쓰인 위 시에서 우리는 무엇을 생각할 수 있을까? 자식을 키우는 이 시대의 젊은 엄마와 아빠들의 마음일 수도 있지만, 자신을 키워준 엄마의 마음일 수 있다는 생각에 아주 잘 표현된 부모의 마음이라는 것에 다시 한번 놀라지 않을 수 없다.

오승빈 시인 시의 또 다른 매력은 마음의 치유라 할 수 있다. 오승빈 시인의 시를 읽고 있노라면 어느 사이에 시인과 동행하면서 내면의 치유와 경험을 깨닫게 된다. 이 시대를 살아가는 사람들은 많은 무거운 고뇌와 고통을 안고 살아간다.

우리의 지각 능력이나 판단 능력은 저절로 만들어지는 것이 아니다. 지각과 판단력은 우리의 의식과 육체를 거쳐서 나온 경험을 통해서 만들어진다. 나는 이것을 퇴비를 섞어서 영양분을 만들어 내는 과정이라고 생각한다. 이러한 과정을 통해서 비옥한 토양은 만들어지고 식물이 성장하는 자양분이 되는 것이다.

따라서 오승빈 시인의 시는 비록 젊지만 다른 젊은이들에게서 볼 수 없는 삶의 힘듦과 애환들이 녹아 그만의 독특한 시 세계를 만들어 내고 있다는 점에서 생활 시의 모범적인 단면을 보여주고 있다. 이런 관점에서 오승빈 시인의 또 다른 시 〈태양〉을 살펴보자.

현실이 다급하게
차오를 때

태양이 그리워
도망쳤다

꿈이 아스라이
멀게 느껴질 때

태양이 그리워
날갯짓 시작했다

비록
내 날갯짓
이카로스의 날개가
될지라도

내 가슴 터지도록
태양에 입 맞추고 싶다
- 〈태양〉 전문

　나는 위 시를 읽으면서 오승빈 시인의 작품에서 또 다른 경험을 한다. 현실의 벽을 넘어서려는 시인의 뜨거운 감성의 표현을 보면서 위 시의 매력이라 할 수 있는 반전의 멋을 느낀다. 비록 본인의 날갯짓이 이카로스의 날개가 될지라도 내 가슴 터지도록 태양에 입 맞추고 싶다는 시인의 뜨거운 열망에서 이 시의 반전과 카타르시스를 느끼며 시인의 놀라운 언어 구사력에 찬사를 보낼 수밖에 없다.

　오승빈 시인의 글은 아직은 젊은 나이지만 요즘 젊은이들에게서 느낄 수 없는 원숙함을 느낀다.

　두 자녀를 양육하고 가장으로서 때때로 차오르는 삶의 무게를 견디어 내면서 자신만의 시적 감성을 잘 살리고 있는 점이 매우 고무적인 일일 뿐만 아니라 힘든 여정들을 추억으로 승화시키고 희망으로 엮어내는 탁월한 반전을 이루어 내고 있다.

　따라서 그의 시는 언제 어디에 있더라도 가족과 함께하고 있고 소소한 감정을 미래의 희망으로 바꾸어 내며 카타르시스 해나가는 힘을 가지고 있다.

　여기에서 다시 오승빈 시인의 시 〈돌아가야 할 곳〉을 살펴본다.

　　　잊고 살았던 작은 것들
　　　풀리지 않은 리본처럼
　　　나를 천천히 되감는다

　　　나는
　　　돌아간다

　　　퇴근길 반겨 주는
　　　익숙한 담배 한 모금에 끌려

　　　나는 돌아간다

　　　너의 등을 긁어주던
　　　그 밤으로

잊고 있던 나의 온도로
-〈돌아가야 할 곳〉 일부

위 시는 오승빈 시인의 돌아가야 할 곳의 일부이다. 사실 시를 쓰면서 자기감정에 충실하고 스스로 속이지 않는 정직함에 도달하는 것은 결코 쉬운 일이 아니다. 이러한 관점에서 오승빈 시인의 위 시는 이러한 진정성과 정직함을 갖추고 있고 어릴 적 추억과 감정을 아주 적절히 표현해내고 있다는 점에서 주목받아 마땅하다.

앞으로 오승빈 시인은 우리 시대의 젊은 시인이자 촉망받을 미래의 주인공으로 위 시와 같은 솔직함과 진정성 넘치는 시를 통하여 앞으로 새롭게 피어나는 시인으로 거듭나길 기대해 본다.

4. 맺음말 – 두 시인의 거침없는 항해를 기원하며

필자는 위에서 살폈던 엄마와 아들의 시를 통해서 또

다른 세상의 아름다움을 경험한다. 현실에서 느끼는 생활 속의 감정을 녹여서 시로 승화시킨 것 또한 그렇지만 엄마와 아들이 함께 쓰는 시집이라는 것에 감동하고 축하하지 않을 수 없다.

그 어떠한 여러 가지 시 이론과 해설을 동원하지 않더라도 두 시인의 순수한 감정의 표현을 통한 진정한 소통에서 참다운 우리 삶의 모습을 찾아볼 수 있음이 우리 모두를 더욱 고무시키고 행복하게 한다.

이 한 권의 시집 『바람아』가 모두의 가슴에 상큼한 희망의 바람이 되어 삶에 지친 사람들에게 새로운 세계로 나가는 작은 위로와 치유의 돛이 되길 바란다.

아울러 장윤숙 시인과 오승빈 시인에게 이 시집을 기점으로 더욱 드넓은 세계로 향하는 출발점이 되길 바라며 두 사람의 시적 노동에 아낌없는 찬사와 박수를 보낸다.

또한, 장윤숙 시인과 오승빈 시인의 앞날에 뜨거운 환희와 영광이 함께 하기를 기원한다.